Early Dances
Alte Tänze
Danses anciennes

Compiled and edited by
Zusammengestellt und herausgegeben von
Rédigé et édité par

Ágnes Lakos

Könemann Music Budapest
K 130

INDEX
I

Allemande

Courante

Sarabande

Gigue

Bourrée

Gavotte

Menuet

Passepied

Hornpipe

Rigaudon

Loure

Polonaise

Suite

Menuett

Deutscher Tanz

INDEX
II

Allemande

Wilhelm Friedemann Bach & Johann Sebastian Bach

Allemande

Johann Jakob Froberger

Allemande

Georg Friedrich Händel

Allemande

Johann Sebastian Bach

Courante

Johann Jakob Froberger

Courante

Dietrich Buxtehude

Courante

Georg Friedrich Händel

Courante

Georg Friedrich Händel

39
44
50
56
61
66
tr
tr

71
tr
77
83
89
tr
95
tr

Courante

Domenico Zipoli

27
32
37
42
47
53

Courante

Johann Sebastian Bach

33
38
43
48
54
59

Sarabande

Arcangelo Corelli

Sarabande

Georg Friedrich Händel

Sarabande

Georg Friedrich Händel

Sarabande

Arcangelo Corelli

La Fidèle–Sarabande

Jean-François Dandrieu

Sarabande

Christoph Graupner

Sarabande

Johann Mattheson

Sarabande

Johann Kuhnau

Sarabande

Louis Couperin

Sarabande

Johann Pachelbel

Sarabande

Johann Pachelbel

Sarabande

Johann Krieger

Sarabande

Johann Kuhnau

Sarabande

Domenico Zipoli

Sarabande

Georg Friedrich Händel

Sarabande

Johann Sebastian Bach

Gigue à l'Angloise

Georg Philipp Telemann

Gigue

Domenico Scarlatti

Gigue

Charles Dieupart

La Capricieuse–Gigue

Jean-François Dandrieu

Petite Reprise

Gigue

Domenico Zipoli

14
16
18
20
22
24

Gigue

Johann Pachelbel

Gigue

Dietrich Buxtehude

7
10
13
16
19

Gigue

Jeremiah Clarke

19
23
27
31
35

Gigue

Georg Friedrich Händel

Bourrée

Johann Krieger

Bourrée

Georg Philipp Telemann

Bourrée

Johann Sebastian Bach

Bourrée

Christoph Graupner

Bourrée

Johann Ludwig Krebs

Bourrée

Wilhelm Friedemann Bach

Bourrée

Johann Pachelbel

Bourrée

Gottfried Heinrich Stölzel

Bourrée

Johann Sebastian Bach

Gavotte

Georg Philipp Telemann

Gavotte

Christoph Graupner

Gavotte en Rondeau

Jean-François Dandrieu

20
2. Couplet
25
29
Refrain
33
36

Gavotte

Georg Friedrich Händel

28
tr
33
38
tr
43
tr
49
53
tr

Gavotte I

Johann Sebastian Bach

Fine

Gavotte II

(Gavotte I Da Capo)

Gavotte I

Jean-Philippe Rameau

Gai

Gavotte II

Gavotte I

Gavotte

Johann Sebastian Bach

Menuet

Jean–Baptiste Lully

Menuet

Jean–Philippe Rameau

Menuet

Henry Purcell

Menuet

Johann Krieger

Menuet

Gottlieb Muffat

Menuet

Johann Philipp Kirnberger

Menuet I

Johann Sebastian Bach

Menuet II

Menuet

Christian Petzold

Menuet

Christian Petzold

Menuet

Johann Sebastian Bach

Menuet

Georg Böhm

Menuet

Georg Friedrich Händel

Le Petit Maître - Menuet

Jean-François Dandrieu

Le Turbulent - Menuet

Jean-François Dandrieu

Menuet

Jean-François Dandrieu

Menuet

Jean-Philippe Rameau

6
1.
2.
11
16
22
27
32

Menuet I

Jean-Philippe Rameau

Menuet II

Menuet I Da Capo al Fine

Menuet

Domenico Scarlatti

K 130

Menuet I

Georg Friedrich Händel

Fine

Menuet II

Menuet I Da Capo

Menuet

Johann Sebastian Bach

Menuet

Johann Sebastian Bach

6
12
17
22
27

Menuet

Johann Sebastian Bach

17
21
25
29

Menuet

Wilhelm Friedemann Bach

Menuet

Carl Philipp Emanuel Bach

Passepied

Georg Friedrich Händel

Passepied

Anonim

Passepied

Johann Ludwig Krebs

Hornpipe

Henry Purcell

Hornpipe

Henry Purcell

Hornpipe (Air)

Georg Friedrich Händel

Rigaudon

Johann Ludwig Krebs

Rigaudon

Georg Philipp Telemann

Rigaudon

William Babell

Rigaudon

Henry Purcell

Rigaudon

Georg Böhm

Fine
Trio
tr
Da Capo al Fine

Loure

Georg Philipp Telemann

Polonaise

Johann Sebastian Bach (?)

Polonaise

Carl Philipp Emanuel Bach

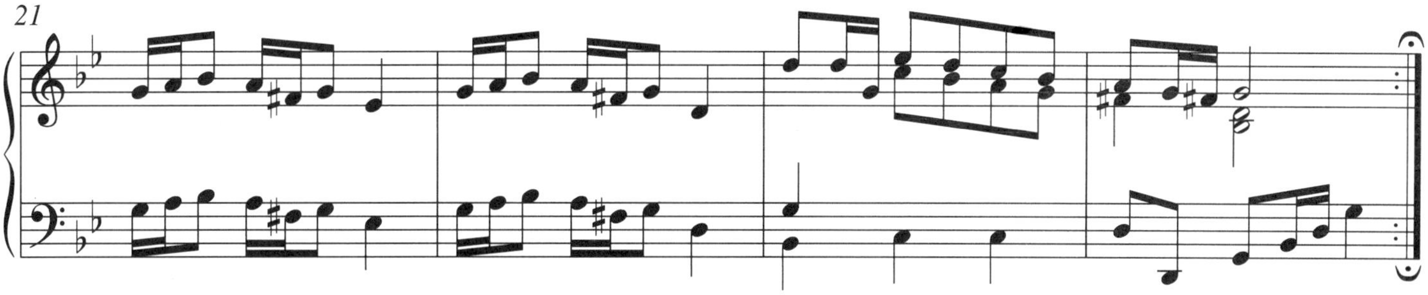

Polonaise

Johann Sebastian Bach (?)

Polonaise

Carl Philipp Emanuel Bach

Polonaise

Johann Adolph Hasse

Suite – Allemande

Georg Philipp Telemann

18
21
tr
24
tr
27
30
33
1.
2.

Courante

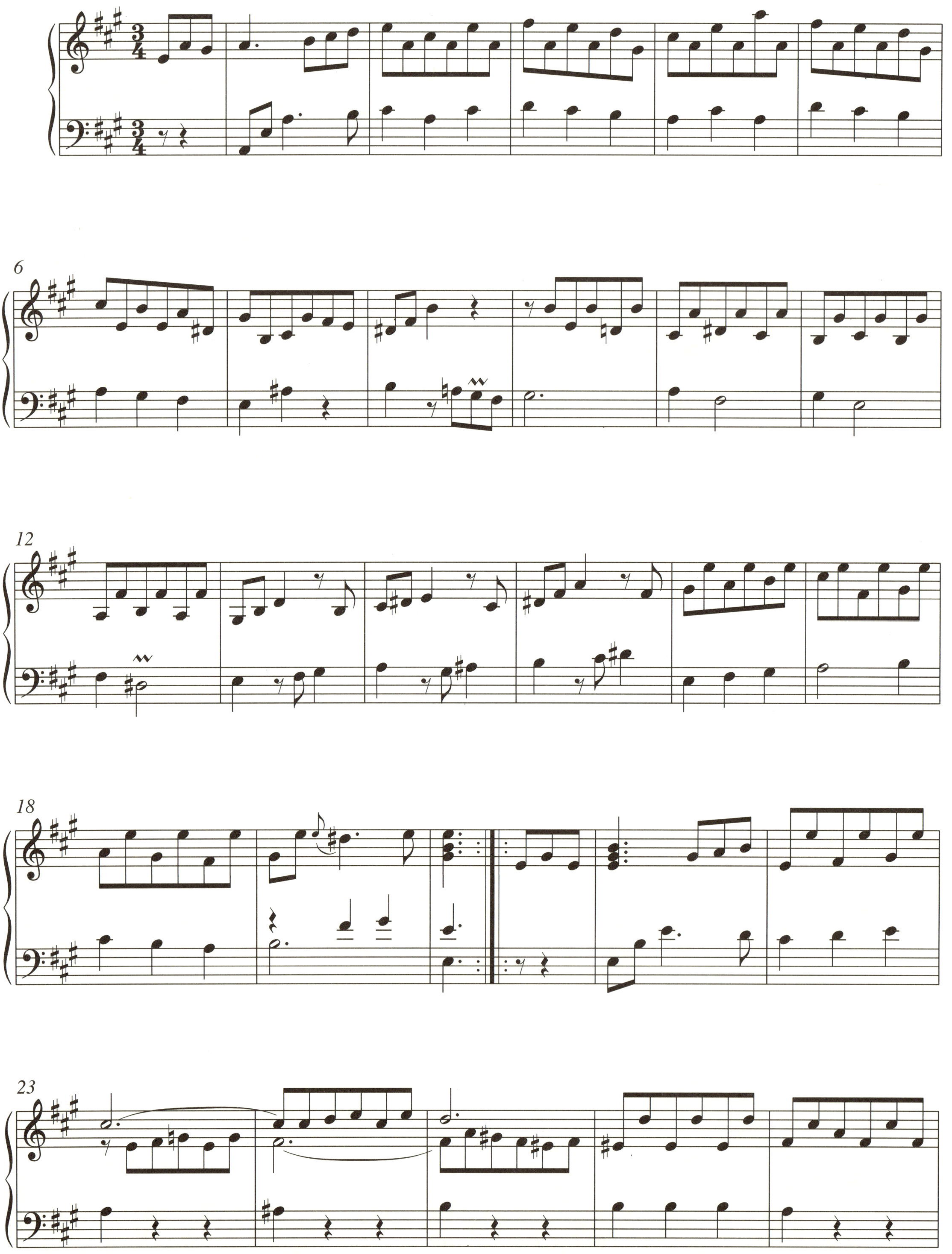

 K 130

28
33
39
45
51

Gigue

44
51
58
65
72
80

Suite – Allemande

Georg Friedrich Händel

Courante

Sarabande

Var. I

Var. II

Gigue

Menuett

Leopold Mozart

Menuett

Wolfgang Amadeus Mozart

Menuett

Wolfgang Amadeus Mozart

Menuett (I)

Wolfgang Amadeus Mozart

(Fine)

Menuett (II)

(Menuett I da Capo al Fine)

K 130

Menuett (I)

Wolfgang Amadeus Mozart

(Fine)

Menuett (II)

(Menuett I Da Capo al Fine)

Menuett

Wolfgang Amadeus Mozart

Menuett

Wolfgang Amadeus Mozart

Menuett

Joseph Haydn

Menuett

Joseph Haydn

Menuett

Joseph Haydn

Fine

Trio

Menuett Da Capo

Deutscher Tanz

Joseph Haydn

Deutscher Tanz

Joseph Haydn

Deutscher Tanz

Joseph Haydn

Deutscher Tanz

Joseph Haydn

6 Ecossaisen

Ludwig van Beethoven

3.

4.

5.

6.

Ecossaise

Ludwig van Beethoven

Walzer

Ludwig van Beethoven

13
17
21
1.
2.
Fine
Trio
25
dolce
31
1.
2.
36
1.
2.
Walzer Da Capo

Franz Schubert

Menuett

Menuett Da Capo

Menuett

Franz Schubert

Trio

Menuett Da Capo

Menuett

Franz Schubert

Trio

Menuett Da Capo

Menuett

Franz Schubert

15
f
21
27
33
Trio
dolce
41
f
49
dolce
Menuett Da Capo

8 Ecossaisen

Franz Schubert

4.

5.

6.

7.

8.

Deutscher Tanz

Franz Schubert

Deutscher Tanz

Franz Schubert

Deutscher Tanz

Franz Schubert

Deutscher Tanz

Franz Schubert

„Erste Walzer"

Franz Schubert

„Erste Walzer"–Trauerwalzer

Franz Schubert

„Erste Walzer"

Franz Schubert

Walzer

Franz Schubert

Walzer

Franz Schubert

Valses nobles

Franz Schubert

Valses nobles

Franz Schubert

Valses sentimentales

Franz Schubert

Valses sentimentales

Franz Schubert

H-1093 Budapest, Vámház krt. 5.
Responsible co-editor: Tamás Zászkaliczky

K 130

Distributed worldwide by Tandem Verlag GmbH
Im Mühlenbruch 1, D-53639 Königswinter

Printed in EU

ISBN 3-8331-1350-2